BEI GRIN MACHT SICH IHR WISSEN BEZAHLT

- Wir veröffentlichen Ihre Hausarbeit, Bachelor- und Masterarbeit

- Ihr eigenes eBook und Buch - weltweit in allen wichtigen Shops

- Verdienen Sie an jedem Verkauf

Jetzt bei www.GRIN.com hochladen und kostenlos publizieren

Grundlagen Sport- und Vereinsrecht. Haftung, Arbeitsrecht, Sponsoring und steuerliche Aspekte

Tobias Kraatz

Bibliografische Information der Deutschen Nationalbibliothek:

Die Deutsche Nationalbibliothek verzeichnet diese Publikation in der Deutschen Nationalbibliografie; detaillierte bibliografische Daten sind im Internet über http://dnb.d-nb.de abrufbar.

ISBN: 9783346590053
Dieses Buch ist auch als E-Book erhältlich.

Das Buch bei GRIN: https://www.grin.com/document/1167134

Einsendeaufgabe

Fachmodul: Sport- und Vereinsrecht

Studiengang: Sportökonomie

Name, Vorname: Kraatz, Tobias

Studienort: **Stuttgart**

Inhaltsverzeichnis

2

3

1 Grundlagen Sport- und Vereinsrecht

Im nachfolgenden Sachverhalt soll geklärt werden, ob die Struktur, die Organisation und die Aktivitäten des RasenBallsport Leipzig e.V. im Zusammenhang mit der Red Bull GmbH stehen und ob gemäß § 21 BGB die Rechtsform eines eingetragenen Vereins besteht.

1.1 Beurteilung wirtschaftlicher Verein anhand Struktur, Organigramm und Satzung

Bei einem nicht wirtschaftlichen Verein handelt es sich gemäß § 21 BGB um einen Verein, dessen Zweck nicht auf einen wirtschaftlichen Geschäftsbetrieb ausgerichtet ist und der die Rechtsfähigkeit durch Eintragung in das Vereinsregister erhält. Anhand dieser Grundlage soll beurteilt werden, ob der RB Leipzig in wirtschaftlichem Interesse handelt. Bei der Betrachtung des Organigramms fällt auf, dass eine sehr starke Ähnlichkeit zwischen den Vereinsebenen des RB Leipzig und den Führungspositionen der Red Bull GmbH besteht. Drei unterschiedliche Mitglieder im Ehrenamt sind in der Vertriebs-, Rechts- und Finanzabteilung bei Red Bull tätig. Diese Übereinstimmung lässt sich auch im Vorstand wiederfinden. Dieser wird von drei Repräsentanten aus der „Legal Counsel"- , Personal- und „Area Finance"-Abteilung gebildet. Sowohl die Ehrenamt- als auch die Vorstandsebene werden von der Mitgliederversammlung gewählt. Diese findet statt, sobald gemäß § 6 Absatz 2 der Satzung mindestens 7 der 11 stimmberechtigten Mitglieder anwesend sind. Alle anderen Mitglieder, wie beispielsweise Fans oder Spieler, haben kein Wahlrecht und somit keinen Einfluss auf die Wahl der beiden Ebenen. Alle stimmberechtigten Mitglieder werden von der Red Bull GmbH ausgewählt.
Organigramm, Struktur und Satzung deuten darauf hin, dass RB Leipzig – aufgrund der Übereinstimmung einiger Ämter und Positionen – ein wirtschaftliches Interesse verfolgen könnte.

1.2 Beurteilung wirtschaftlicher Verein anhand GuV

Anschließend wird nun geprüft, ob die GuV weitere Indizien für einen wirtschaftlichen Verein liefert. Bei einem Blick auf die Erträge fällt auf, dass $^2/_3$ der Erlöse aus Werbung, Merchandising und medialen Verwertungsrechten generiert werden. Diese Zahlen sind untypisch für einen gemeinnützigen Verein und können einem wirtschaftlich handelnden Geschäftsbetrieb zugeordnet werden. Bei den betrieblichen Aufwendungen liegt der Kostenblock „Werbung" mit 410.000€ deutlich über den anderen Aufwendungen und verdeutlicht somit das hohe Interesse von RB Leipzig, als Marketingplattform zu dienen und die eigene Bekanntheit zu steigern. Hohe Aufwendungen im Jugend- und Amateurbereich für Spieler machen deutlich, dass RB Leipzig nicht auf regionale und interne Jugendspieler setzt und sich somit von idealtypischen Vereinen unterscheidet. Demnach sollen die „importierten" Spieler den Mannschaften helfen Erfolge und eine gute Platzierung zu erzielen, um die Bekanntheit und den Status des RB Leipzig zu steigern. Im Allgemeinen sind die Erträge und Aufwendungen in der GuV fast deckungsgleich. Allerdings befindet sich das vorliegende Bilanzergebnis in einem negativen 6-stelligen Bereich aufgrund negativer Vorperioden. Diese könnten ein Indiz dafür sein, dass RB Leipzig bereits vor 2013/14 hohe Beträge in die generelle Vermarktung und die Verpflichtung prestigetragender (Jugend-)Spieler investiert hat, um den Bekanntheitsgrad und den Erfolg des Vereins zu steigern.

1.3 Beurteilung wirtschaftlicher Verein anhand Schreibweise, Logo, Sponsoring und Homepage

Anhand von Schreibweise, Logo, Sponsoring und Homepage lassen sich weitere grundlegende Gemeinsamkeiten zur Red Bull GmbH erkennen. Zu allererst werden die beiden Logos verglichen. Zwei rote Bullen die aufeinander zulaufen, ein – im Zentrum platzierter – gelber Kreis, eine ähnliche Schriftweise und der Schriftzug „RB" (ausgeschrieben: Red Bull) zeigen, dass diese beiden Logos eine sehr starke Ähnlichkeit besitzen. Diese Gemeinsamkeiten sind unverkennbar und stechen sofort ins Auge. Die enge Verbindung wird auch bei den Trikots ersichtlich. Auf Brusthöhe der Heim- und Auswärtstrikots ist Red Bull als Sponsor abgebildet.

Parallel dazu stimmen die Trikotfarben mit den Farben des Logos überein. Betrachtet man die Website des RasenBallsport e.V. (www.dierotenbullen.com), werden zusätzliche Gemeinsamkeiten ersichtlich. In der englischen Sprache bedeutet „dierotenbullen" übersetzt „red bulls" und zeigt somit die direkte Verknüpfung zur Red Bull GmbH. Die farbliche Gestaltung der Homepage ist gleichzusetzen mit den Farben auf dem Logo, der Trikots und der Website von Red Bull.

Das alles sind weitere Indizien für die direkte Verbindung zwischen beiden Parteien.

1.4 Konsequenzen

Wenn das Registergericht / Finanzamt feststellen sollte, dass der Verein nicht im Sinne der Gemeinnützigkeit handelt, hat dieser vor allem steuerrechtliche Konsequenzen zu befürchten. Ein – als gemeinnützig eingetragener – Verein unterliegt vier steuerlichen Sphären, die steuerliche Vorteile mit sich bringen. Unterteilt werden die Sphären in die steuerliche Sphäre, die Vermögensverwaltung, den Zweckbetrieb und den wirtschaftlichen Geschäftsbetrieb. Die ideelle Sphäre ist steuerfrei. Die Vermögensverwaltung ist ertragssteuerfrei und umsatzsteuerbegünstigt. Ab der Überschreitung des Freibetrags von 45.000€ ist die Summe im Zweckbetrieb mit 7% zu versteuern. Beim wirtschaftlichen Geschäftsbetrieb fallen Körperschafts- und Umsatzsteuer an.

Sollte der oben genannte Fall eintreten, so muss der RB Leipzig rückwirkend alle Vergünstigungen nachzahlen und dürfte zukünftig von keinen Vorteilen mehr profitieren. Zudem würde der Eintrag im Vereinsregister verfallen.

1.5 Zusammenfassung

Im Gesamtkontext wird die starke Verbindung zwischen RB Leipzig und der Red Bull GmbH deutlich. Die Vereinsstruktur, die Besetzung der Führungspositionen und die GuV zeigen, dass die Eigenschaften eines gemeinnützigen Vereins nicht erfüllt werden und der wirtschaftliche Erfolg im Vordergrund steht. Verstärkt wird dies durch starke Parallelen bei: Schreibweise, Logo, Sponsoring und Homepage. Anhand dieser Faktoren ist abzusehen, dass es sich um einen wirtschaftlichen Geschäftsbetrieb handelt.

1.6 Strukturelle Veränderung des RasenBallsport Leipzig e.V.

In der Mitgliederversammlung am 02.12.2014 wurde beschlossen, dass die Profiabteilung und Nachwuchsteams (bis zur U16) des RB Leipzig rückwirkend zum Sommer ausgegliedert und in Form einer GmbH repräsentiert werden. Der Stammverein hat – trotz der Ausgliederung – die Mehrheit der Stimmrechte behalten (Spiegel Online, 2014). Mit dieser Stimmrechtverteilung soll der Einfluss der Gesellschafter gesichert werden (Welt, 2014). Der Beschluss wurde von den 14 stimmberechtigten Mitgliedern einstimmig verabschiedet. Ein Grund für die Ausgliederung war das Vorbeugen von vereins- und steuerrechtlichen Risiken, da im kommerziellen Sport die ideellen Zwecke eines gemeinnützigen Vereins nicht mehr überwiegen (Grimm, 2014). Des Weiteren hatte dies wohl strategische Gründe. Der Verein wollte sich somit für potentielle Investoren öffnen und zusätzliche strategische Partner binden (Grimm, 2014). Ein weiterer Grund, der für eine Ausgliederung gesprochen hat, war die Professionalisierung des Vereins, um konkurrenzfähig zu bleiben und um somit auch die Forderung der Deutschen Fußball-Liga zu erfüllen (Welt, 2014). Im Anschluss konnte der Verein tatsächlich in kürzester Zeit Erfolge feiern. Neben der professionellen Jugendarbeit und ersten Verbesserungen, wurde RB Leipzig in der Bundesligasaison 2015/16 und 2016/17 Vizemeister und hat sind in beiden Jahren für die Champions League qualifiziert (dierotenbullen, 2019).

Aktueller Hauptverantwortlicher, Vorstandsvorsitzender und gleichzeitig Geschäftsführer bei RB Leipzig e.V. ist Oliver Mintzlaff. Dieser steht im engen Kontakt mit Dietrich Mateschitz (Firmengründer Red Bull und Investor). In der Hierarche bei RB Leipzig befinden sich unter dem Vorstandsvorsitzenden 6 verschiedene Ämter. Davon zwei Stellen auf Seiten der Rasenballsport Leipzig GmbH (Sportdirektor und Geschäftsführer) und vier Ämter auf Seiten der Red Bull GmbH (Global Sports Director, Legal Counsel, Coordinator und Marketing). Die jeweiligen Vertreter liefern eine Berichterstattung an Vorstandsvorsitzenden, der die Informationen an den Firmengründer von Red Bull weiterleitet (Kroemer, 2016).

2 Haftung im Sport

2.1 Haftung – Teil I

Anspruchsgrundlage: § 823 I BGB in Verbindung mit (i.V.m.) § 31 BGB

a) Rechtsgutverletzung gegeben, hier in Form der Gesichtsverletzung von Thomas, da der Puck durch das Loch im Auffangnetz geflogen ist

b) Die Rechtsgutverletzung ist durch eine Handlung des Schädigers entstanden. Vereinsvorstand Friedrich hat die – ihm aufgetragene – Tätigkeit (regelmäßige Kontrolle des Auffangnetzes) nicht ordnungsgemäß ausgeführt. Der Verein muss sich diese Handlung gemäß § 31 BGB zurechnen lassen, da Friedrich als Vorstand ein verfassungsmäßig berufener Vertreter ist. Durch die unregelmäßige Ausführung der übertragenen Aufgabe ist es zur Gesichtsverletzung gekommen.

c) Ohne ein Loch im Auffangnetz, wäre die schwere Gesichtsverletzung nicht entstanden.

→ Haftungsbegründete Kausalität ist gegeben

d) Rechtswidrigkeit gegeben

e) Vereinsvorstand Friedrich hat gemäß § 276 II BGB fahrlässig gehandelt. Durch die unregelmäßige Kontrolle hat er die erforderliche Sorgfalt außer Acht gelassen.

f) Schaden: Gesichtsverletzung und Behandlungskosten

Rechtsfolge: Thomas kann vom Verein die entstandenen Verhandlungskosten verlangen. Dieser ist gemäß § 823 I BGB i.V.m. § 31 BGB verpflichtet, die Kosten zu tragen.

2.2 Haftung – Teil II

Anspruchsgrundlage 1: § 823 I BGB

a) Zwischen dem Kraftfahrer Klaus und der Sauerland Event GmbH liegt keine Rechtsgutverletzung vor (gemäß § 823 I BGB).

b) –

Rechtsfolge: Die Sauerland Event GmbH hat keinen Anspruch auf Schadensersatz.

Anspruchsgrundlage 2: § 280 I BGB

a) Zwischen dem Kraftfahrer Klaus und der Sauerland Event GmbH liegt kein Schuldverhältnis vor, da kein Vertrag zwischen beiden Parteien geschlossen wurde und somit keine Pflicht verletzt wurde.

b) –

Rechtsfolge: Die Sauerland Event GmbH hat keinen Anspruch auf Schadensersatz.

2.3 Haftung – Teil III

Während eines Fußballspiels foult Verteidiger Schmidt den Angreifer Meier. Bei dem Foulspiel – fernab vom Spielgeschehen – verletzt sich Meier. Die anschließenden Arzt- und Krankenhauskosten belaufen sich auf 6.000€. Im nachfolgenden wird nun eine grobe Einschätzung der Situation vorgenommen.

Fußball ist eine Kontaktsportart, bei der Zusammenstöße, Fouls und Verletzungen auftreten können. Angesichts dieser Punkte ist es vollkommen verständlich, dass sich Schmidt gegen die Vorwürfe wehrt. Andererseits ist nicht außer Acht zu lassen, dass das Foul begangen wurde, als Meier nicht im Ballbesitz war. Somit wurde das Foulspiel fernab vom Spielgeschehen begangen. Der Verteidiger hat also bewusst gegen das Regelwerk Verstoßen und eine rote Karte in Kauf genommen. Bei dieser Handlung wurde gemäß § 823 I BGB der Körper und Gesundheit des Angreifers beschädigt. Die Verletzung und die nachfolgenden Behandlungskosten wären nicht entstanden, da Herr Meier – als Angreifer – ohne Fremdeinwirkung weiter in die gegnerische Hälfte eingedrungen wäre. Die oben beschriebene Rechtfertigungsgrundlage von Herr Schmidt, ist im Allgemeinen korrekt, jedoch kontextbezogen völlig fehl am Platz. Aufgrund des groben Foulspiels, das nicht im aktiven Spielgeschehen begangen wurde, liegt rechtswidriges Verhalten auf Seiten des Verteidigers vor. Ob die resultierende Verletzung fahrlässig (Schmidt nimmt eine Verletzung in Kauf, da er Meier foulen will) oder vorsätzlich (Schmidt will Meier verletzen) begangen wurde, muss geklärt werden. Anhand dieser Grundlage gemäß § 823 I BGB sind die Chancen von Meier auf Schadensersatz sehr hoch. Es sprechen mehrere Indizien für rechtswidriges Verhalten von Schmidt. Dieser hat lediglich die Möglichkeit, mit der gewissen Härte im Fußball zu argumentieren. Schlussendlich wird ausschlaggebend sein, ob Meier genug Beweise vorbringen kann, damit er den Schadensersatz erhält. Demnach könnte er beispielsweise Zuschauer, Trainer und die Schiedsrichter als Zeugen erwähnen, ggf. ein Video von dem Foulspiel vorlegen und/oder die Krankenhausrechnung vorzeigen.

3 „Arbeitsrecht" im Sport

3.1 „Arbeitsrecht"/Sozialversicherungsrecht – Fall I

Ringer Henry S. hat mit einem eingetragenen Kraftsportverein einen Vertrag geschlossen. Anhand der gegebenen Umstände soll nun bestimmt werden, ob Henry als Selbstständiger oder Arbeitnehmer einzustufen ist:

§ 2 des Vertrags besagt, dass Henry S. als Auftragnehmer keinem Weisungs- und Direktionsrecht unterliegt und somit in Bezug auf die Zeit, Dauer, Art und den Ort unabhängig ist. Des Weiteren ist er nicht in die Organisation des Auftraggebers eingebunden. Demnach kann er seine Tätigkeit und Arbeitszeit frei gestalten und ist gemäß § 611a I S. 3 BGB kein Arbeitnehmer. Der nächste Paragraph (§ 3) schließt eine ordentliche Kündigung aus und thematisiert keine konkrete Laufzeit. Bei einem regelkonformen Arbeitsvertrag zwischen Arbeitgeber und Arbeitnehmer wäre das Nichtaufführen einer ordentlichen Kündigungsfrist rechtswidrig. Gemäß § 622 BGB muss bei einem Arbeitsverhältnis eine Kündigungsfrist von mindestens 4 Wochen aufgeführt werden. Zuletzt wird Henry S. in § 4 des Vertrags als „selbstständiger Ringkampfsportler" und nicht als „Arbeitnehmer" bezeichnet.

Anhand der oben genannten Argumente ist Henry S. als Selbstständiger einzustufen.

3.2 „Arbeitsrecht"/Sozialversicherungsrecht – Fall II

Die erste Mannschaft des Sportvereins „Kicker e.V." spielt in der Verbandsliga. Die Spieler haben mit dem Verein einen mündlichen Vertrag geschlossen. Durch diese Vereinbarung erhält jeder Fußballspieler Sportbekleidung und eine Vergütung von 50 bis 80 Euro pro Spiel. Die Fahrtkosten zum Training und zu den Spielen werden vom Verein übernommen. Als Gegenleistung sind die Spieler dazu verpflichtet, an Spielen und mindestens einmal pro Woche am Trainingsgeschehen teilzunehmen. Gemäß § 611a BGB sind Arbeitnehmer in Diensten des Arbeitgebers zu einer weisungsgebundenen, fremdbestimmten Arbeit in persönlicher Abhängigkeit verpflichtet.

Durch die Pflichtbeteiligung bei Spielen und wöchentlichen Trainingseinheiten sind die Fußballspieler demnach zu weisungsgebundener Arbeit verpflichtet und können über Inhalt, Zeit und Ort der Tätigkeit nicht komplett frei bestimmen.

Dementsprechend sind die Spieler des Vereins gemäß § 611a BGB als Arbeitnehmer einzustufen.

3.3 „Arbeitsrecht"/Sozialversicherungsrecht – Fall III

Handballtrainer Tristan R. hat mit dem Vorsitzenden Arnold M. einen schriftlichen Vertrag geschlossen. Bereits die Tatsache, dass eine Laufzeit von drei Jahren und eine monatliche Vergütung von 2.500€ netto festgelegt wurde, liefert erste Indizien für einen Vertrag zwischen Arbeitnehmer und Arbeitgeber. Die Trainingseinheiten (3-4 Mal wöchentlich) sind vorgegeben und verpflichtend. Zusätzliche Einheiten, Räumlichkeiten und Ausrüstungsgegenstände werden von Arnold M. organisiert. Tristan R. ist an Ort und Zeit gebunden und kann dies nicht eigenständig entscheiden. Demnach ist er gemäß § 611a BGB als Arbeitnehmer zu einer Leistung mit einer weisungsgebundenen und fremdbestimmten Arbeit verpflichtet. Während seinem Urlaub wurde Tristan weiterhin bezahlt. Gemäß § 1 BurlG handelt es sich um bezahlten Erholungsurlaub. Der Arbeitgeber ist verpflichtet, den Arbeitnehmer während dieser Zeit weiterhin zu entlohnen. Auch während seinem Krankenhausaufenthalt wurde er nach § 3 EntFG weiterhin bezahlt, obwohl er seine Trainertätigkeit nicht ausführen konnte. Vertreten wurde er durch seinen Co-Trainer.

Tristan R. ist dadurch „versicherungspflichtig beschäftigt" und als Arbeitnehmer einzustufen.

4 Sponsoringvertrag

Sponsoringvertrag

zwischen

der Adados AG, vertreten durch den Vorstandsvorsitzenden Karl-Heinz Adados,

Adados Straße 7, 66340 Adadosstadt

- Nachfolgend „**Sponsor**" genannt -

und

der Lauftreff-Freunde Musterstadt e.V.,

Musterstraße 58, 66346 Musterstadt

- Nachfolgend „**Gesponsorter**" genannt -

wird folgender Sponsoringvertrag geschlossen:

Präambel:

Der Gesponsorte ist ein – auf nationaler Ebene – bekannter Leichtathletikverein aus dem Saarland. Dieser organisiert zum dritten Mal den jährlich stattfindenden Straßenlauf. Der Lauf wird an vier Sonntagen in vier verschiedenen Städten ausgetragen. Anhand der Kennzahlen aus den Vorjahren plant der Veranstalter mit 10.000 Besuchern pro Event.

Der Sponsor ist ein – auf internationaler Ebene – erfolgreicher und beliebter Sportartikelhersteller. Der Sponsor bezweckt mit dem Sponsoring in erster Linie einen positiven Imagetransfer. Die beiden Parteien schließen folgenden Vertrag:

§ 1 Leistung des Sponsors:

(1) Der Sponsor verpflichtet sich, dem Gesponsorten zur Umsetzung und Durchführung der Straßenlauf Serie „Saal-LaufCup", eine einmalige Geldsumme in Höhe von 100.000,00€ bereitzustellen. Die Zahlung erfolgt per Überweisung und ist spätestens 2 Monate vor dem Beginn des Events zu leisten.

(2) Im Falle des Zahlungsverzugs stehen dem Gesponsorten Verzugszinsen in Höhe von 4 Prozentpunkten auf den oben genannten Betrag zu.

(3) Der Sponsor verpflichtet sich, dem Gesponsorten bis zum Start der Laufserie 2.000 Sportartikel aus der aktuellen Produktpalette zur Verfügung zu stellen. Die Artikel werden wie folgt unterteilt: 300 Paar Laufschuhe, 300 Paar Laufsocken, 400 kurze Trainingshosen, 200x lange Trainingshosen, 400 kurzärmlige Trainingsshirts, 200 langärmlige Trainingsshirts, 200 Funktionsunterwäsche-Sets.

§ 2 Leistungen des Gesponsorten:

(1) Als Gegenleistung verpflichtet sich der Gesponsorte während der Laufzeit des Sponsoringvertrages zu nachfolgenden Leistungen:

(2) Der Gesponsorte räumt dem Sponsor das Recht ein, den (Veranstaltungs-)Namen und das Logo im Rahmen der Marktkommunikation auf Plakaten, Broschüren, im Internet und auf der eigenen Website zu verwenden.

(3) Der Gesponserte räumt dem Sponsor zudem das Recht ein, 30% der – auf der Strecke liegenden – Banden zu benutzen. Die Werbung auf zusätzlichen Bandenabschnitten ist mit Kosten verbunden und vom Sponsor zu tragen.

(4) Außerdem räumt der Gesponsorte dem Sponsor ein, dass dieser 50% der Werbefläche auf dem Start- und Zielbogen für eigene Werbezwecke nutzen darf.

(5) Der Sponsor ist während der Vertragslaufzeit Hauptsponsor des Gesponserten.

§ 3 Gefahrtragung/Leistungsstörung

(1) Im Falle der Undurchführbarkeit (in Folge einer zugrunde liegenden Ursache) einer oder mehrerer Veranstaltungen, trägt der Gesponsorte das Risiko.

(2) Mögliche Ursachen können höhere Gewalt, Maßnahmen der Behörden oder sonstige Gründe sein.

§ 4 Wettbewerbsverbote

Der Gesponserte verpflichtet sich während der Vertragslaufzeit keinen anderen Sportartikelhersteller vertraglich zu binden.

§5 Laufzeit

(1) Der Vertrag tritt mit beidseitiger Unterzeichnung in Kraft.

(2) Das Vertragsverhältnis endet automatisch am 31.08.2020. Es bedarf keiner zusätzlichen Kündigung.

§ 6 Optionsrechte

Sponsor und Gesponserter haben das Recht den Vertrag zu den identischen Be-
dingungen einmalig zu verlängern, falls der Lauf im kommenden Jahr wieder
stattfindet. Dafür bedarf es einer einseitigen Erklärung in Schriftform, die spätestens eine Woche vor dem Ende des Vertragsverhältnisses beim Partner einge-
gangen sein muss.

§ 7 Zahlungsmodalitäten

(1) Der Sponsor verpflichtet sich zu einer einmaligen Transaktion von 100.000,00€
(zuzüglich Mehrwertsteuer) auf das nachfolgende Konto des Gesponsorten:

Bank:

Kontoinhaber:

IBAN:

(2) Der Sponsor verpflichtet sich „Sportsponsoring_Adados_Musterstadt" als Ver-
wendungszweck anzugeben und die Überweisung bis zum 01.03.2020 zu täti-
gen.

§ 8 Haftungsausschluss

Der Sponsor schließt dem Gesponserten gegenüber seine Haftung für jeden
Schaden aus, der nicht auf einer vorsätzlich oder grob fahrlässigen Vertragsver-
letzung des Sponsors oder einen gesetzlichen Vertreter basiert.

§ 9 Wohlbefinden

(1) Die beiden Vertragsparteien verpflichten sich zu gegenseitigem Wohlverhalten
und Respekt.

(2) Sponsor und Gesponserter verpflichten sich außerdem, nach dem Bekanntwer-
den neuer Umstände, die den Vertrag betreffen, den Partner schnellstmöglich zu
informieren.

§10 Vertragsstrafe

(1) Der Sponsor verpflichtet sich, für den Fall der schuldhaften Nichterfüllung der
ihm nach § 1 dieses Vertrages obliegenden Verpflichtungen eine Vertragsstrafe
in Höhe von 25.000,00€ an den Gesponserten zu zahlen.

(2) Der Gesponserte verpflichtet sich, für den Fall der schuldhaften Nichterfüllung der ihm nach § 2 dieses Vertrages obliegenden Verpflichtungen eine Vertragsstrafe in Höhe von 25.000,00€ an den Sponsor zu zahlen.

§ 11 Kündigungsklausel

(1) Die Vertragsparteien sind erstmals ab dem 31.03.2020 dazu berechtigt, den Vertag unter Einhaltung der Kündigungsfrist von 2 Monaten zum Monatsende ordentlich zu kündigen. Im Falle der Kündigung besteht eine Verpflichtung der Parteien zur Rückgewährung der von der anderen Partei erbrachten Leistungen.

(2) Die Vertragsparteien sind dazu berechtigt, den Zusammenschluss aus wichtigem Grund außerordentlich und fristlos zu kündigen. Dieser Fall tritt ein, wenn die andere Vertragspartei schuldhaft gegen ihre obliegende wesentliche vertragliche Verpflichtung, insbesondere die in § 1 und § 2 festgehaltenen Verpflichtungen, verstoßen hat und den Verstoß trotz Abmahnung und angemessener Fristsetzung nicht innerhalb der gesetzten Frist von 2 Wochen abstellt.

§ 12 Schriftformklausel

Mündliche Absprachen zwischen den beiden Vertragspartnern wurden nicht getroffen. Vertragsänderungen oder Ergänzungen dieses Vertrages bedürfen zu ihrer Wirksamkeit der Schriftform.

§ 13 Gerichtsstandsvereinbarung

Dieser Vertrag unterliegt in allen seinen Wirkungsbereichen dem Recht der Bundesrepublik Deutschland.

§ 14 Salvatorische Klausel

(1) Sollten einzelne Bestimmungen dieses Vertrages ganz oder teilweise unwirksam oder undurchführbar sein, so berührt das die Wirksamkeit des Vertrages im Übrigen nicht.

(2) Die Vertragspartner verpflichten sich, unwirksame oder undurchführbare Bestimmung durch eine wirksame oder durchführbare Regelung zu ersetzen, die dem gewollten Zweck im Rahmen des Gesamtvertrages am nächsten kommt.

....

Ort, Datum und Unterschrift des Gesponserten

. . . .

Ort, Datum und Unterschrift des Sponsors

5 Steuerliche Aspekte im Sport- und Vereinsrecht

5.1 Steuerliche Sphären

5.1.1 Ideelle Sphäre

<u>Mitgliedsbeiträge:</u> 180 Mitglieder x 18,00€ (Durchschnitt) = 3.240,00€ (monatlich)

3.240,00€ x 12 Monate = **38.880,00€ (jährlich)**

Der jährliche Beitrag aller Mitglieder ist gemäß § 8 Abschnitt 5 KStG **steuerfrei**. Die Beiträge dienen zur Förderung des gemeinnützigen Zwecks und die Mitglieder erwarten keine Gegenleistung.

5.1.2 Vermögensverwaltung

<u>Verpachtung:</u> 3.5000,00€ (monatlich) x 12 Monate= **42.000,00€ (jährlich)**

Der Verein verpachtet einen Teil seines Grundstücks (unbewegliches Vermögen) über einen langfristigen Zeitraum. Gemäß § 14 S. 3 AO fällt dieser Betrag unter die Vermögensverwaltung und ist **steuerfrei**.

5.1.3 Zweckbetrieb

<u>Einnahmen aus sportlichen Veranstaltungen:</u> **42.000,00€ (jährlich)**

Beim Zweckbetrieb ist abzuwägen, ob die Summe den – gemäß § 67a AO – festgelegten Freibetrag von 45.000,00€ über- oder unterschreitet. Da die Einnahmen den Freibetrag unterschreiten, sind sie **steuerfrei**.

5.1.4 Wirtschaftlicher Geschäftsbetrieb

Tabelle 1: Übersicht der Besteuerung im wirtschaftlichen Geschäftsbetrieb (eigene Darstellung)

Parameter	Betrag
Vereinskantine	27.000,00€
Sponsoringeinnahmen	+45.000,00€
Abzüglich Kostenpauschale (85%)	-38.250,00€
Zu versteuerndes Einkommen	**=33.750,00€**
Abzüglich Freibetrags	-5.000,00€
Summe	**28.750,00€**

Gewerbesteuer (Hebesatz 400%): 28.750,00€ x 3,50% x 400% = **4.025,00€**

Körperschaftssteuer (15%): 28.750,00€ x 15% = **4312,50€**

5.2 Umsatzsteuer

Im Folgenden wird nun jede steuerliche Sphäre anhand eines beispielhaften Geschäftsvorfalls dargestellt:

5.2.1 Ideelle Sphäre

Der Verein „Musterverein e.V." generiert monatliche Mitgliedsbeträge von 10.000,00€.

➔ Beitrag zur Förderung des gemeinnützigen Zwecks und gemäß § 8 Abschnitt 5 KStG steuerfrei.

5.2.2 Vermögensverwaltung

Der Verein „Musterverein e.V." generiert durch die langfristige Vermietung zweier Trainingsplätze einen jährlichen Betrag von 35.000,00€.

➔ Gemeinnützigkeit gegeben und somit ertragssteuerfrei.

5.2.3 Zweckbetrieb

Der Verein „Musterverein e.V." ist Veranstalter eines Fußballturniers. Im Rahmen dieser Veranstaltung generiert der Verein einen Betrag von 15.000,00€. Das Turnier ist die einzige Veranstaltung des Vereins in dem Kalenderjahr.

➔ Überschreitet die Jahresgrenze von 45.000,00€ nicht, somit steuerfrei.

5.2.4 Wirtschaftlicher Geschäftsbetrieb

Der Verein „Musterverein e.V." generiert durch den Verkauf seiner Produktpalette (Merchandising) 20.000,00€.

➔ Gemäß § 64 III AO umsatzsteuerpflichtig (19%)

6 Literaturverzeichnis

Grimm, A. (26.11.2014). Experte zur Ausgliederung von RB Leipzig in GmbH: „Ziel ist die weitere Professionalisierung". Zugriff am 29.09.2019. Verfügbar unter https://www.lvz.de/Sportbuzzer/RB-Leipzig/News/Experte-zur-Ausgliederung-von-RB-Leipzig-in-GmbH-Ziel-ist-weitere-Professionalisierung

Kroemer, U. (2016). Das sind die „Oberbullen" bei RasenBallsport Leipzig GmbH und Red Bull GmbH (Team Global Soccer). Zugriff am 29.09.2019. Verfügbar unter https://www.mz-web.de/blob/24226694/566099d5ed5f3e23c8f5191b5dab090c/pdf-organisationsstruktur-data.pdf

RasenBallsport Leipzig. (Hrsg.). (2019). Wir sind Leipzig. Zugriff am 29.09.2019. Verfügbar unter https://www.dierotenbullen.com/de/klub/informationen/ueber-uns.html

Spiegel Online. (Hrsg.). (02.12.2014). RB Leipzig beschließt Ausgliederung der Profiabteilung. Zugriff am 29.09.2019. Verfügbar unter https://www.spiegel.de/sport/fussball/rb-leipzig-gliedert-profiabteilung-aus-a-1006243.html

Welt. (Hrsg.). (02.12.2014). RB Leipzigs 14 Mitglieder stimmen für Klub-Umbau. Zugriff am 29.09.2019. Verfügbar unter https://www.welt.de/sport/fussball/2-bundesliga/article134955547/RB-Leipzigs-14-Mitglieder-stimmen-fuer-Klub-Umbau.html

7 Tabellenverzeichnis

BEI GRIN MACHT SICH IHR WISSEN BEZAHLT

- Wir veröffentlichen Ihre Hausarbeit,
  Bachelor- und Masterarbeit

- Ihr eigenes eBook und Buch -
  weltweit in allen wichtigen Shops

- Verdienen Sie an jedem Verkauf

Jetzt bei www.GRIN.com hochladen
und kostenlos publizieren